Ángeles que te ayudan

Carlos Olivares

Ángeles que te ayudan

Ciencias Ocultas

Colección Librería

Libros de todo para todos

D. R. © Editores Mexicanos Unidos, S. A.
Luis González Obregón 5, Col. Centro,
Cuauhtémoc, 06020, D. F.
Tels. 55 21 88 70 al 74
Fax: 55 12 85 16
editmusa@prodigy.net.mx
www.editmusa.com.mx

Diseño de portada: Arturo Rojas Vázquez
Formación y corrección: Equipo de producción de Editores Mexicanos Unidos

Miembro de la Cámara Nacional
de la Industria Editorial. Reg. Núm. 115.

1a edición: abril 2005
5a reimpresión: febrero de 2010

ISBN 978-968-15-1777-9

ISBN 978-968-15-1777-9
9 789681 517779

Impreso en México
Printed in Mexico

Introducción

Los ángeles considerarán y realizarán todas las peticiones humanas, incluso las más banales, siempre y cuando sean para bien de todos. Ellos hacen la vida más fácil y más feliz.

Los ángeles nos proporcionan crecimiento espiritual y felicidad. Los seres angélicos, poseen todas las propiedades de la luz: velocidad, luminosidad y el poder de curar y de eliminar la oscuridad. Los ángeles pueden entrenarnos para que aportemos amor, belleza y paz a nuestra existencia. Ellos y los niños se llevan muy bien, porque los niños saben jugar y divertirse fácilmente, y lo hacen sintiendo alegría, cantando, gritando y riendo.

La tarea de los ángeles es proporcionarnos un equilibrio emocional, de forma que podamos alcanzar experiencias culminantes de libertad y felicidad con su ayuda y evitar estados de desesperación.

Para atraer a los ángeles debemos adoptar una actitud de optimismo, felicidad y amor incondicional. Ellos rodean a las personas verdaderamente buenas y afectuosas y les proporcionan aún más amor y felicidad. Los ángeles son como pensamientos: los pensamientos no los podemos ver, pero sabemos que existen. Estos seres trabajan para Dios de varias formas, con el fin de mantener un orden armonioso del universo. Dios es el origen y el ángel es su primera creación. Ellos pertenecen a una orden de amor superior y luchan por mantenerlo.

El mensaje de Dios es de amor y perdón, de amarnos y perdonarnos a nosotros mismos y tratarnos lo mejor posible. Dios nos quiere ver felices y los ángeles son sus emisarios. Ellos nos ayudan a encontrar la felicidad en la tierra. El amor incondicional es nuestra fuente curativa, bendita y llena de felicidad: la libertad esencial. Los ángeles quieren que alcancemos este amor absoluto, para encontrar a Dios en nosotros mismos y así ser libres y convertir nuestras vidas en dádivas divinas.

Los ángeles personales que se engloban en nuestro ser superior, no se separan de nosotros para nada y nos guían, nos protegen y nos dan inspiración. Conocen nuestros posibles caminos, actúan de guías y maestros y pretenden acelerar nuestro desarrollo espiritual. Nunca se alejan, nos animan y elevan nuestra creatividad a su máxima potencia. Están siempre en contacto con nuestro ser superior, que yace en un plano distinto de nuestra realidad física. Dentro de este plano, el ser superior, permanece en continua conexión con los ángeles. Cada persona en la tierra, tiene asignado un ángel de la guarda, que está siempre con nosotros, donde vayamos. El ángel de la guarda recuerda y tiene en cuenta las metas que nos hemos marcado en la vida, y no se olvida de las aspiraciones que yacen en el subconsciente. Nos vigilan y protegen en cada uno de nuestros movimientos.

Los ángeles son los mensajeros de Dios. Ellos llevan decretos o anuncios divinos.

No se sabe con exactitud cuantos ángeles existen en cantidad, sin embargo, el rey David en el libro de los salmos, dice que existen 20 mil ángeles.

La palabra "él" se encuentra al final de muchos nombres de ángeles. Quiere decir "brillante". Es tomada de la palabra sumeria "el", que quiere decir, "resplandor" y la palabra babilónica, "ellu", que significa, "aquel que resplandece".

Estos mensajeros celestiales pueden ser encontrados en religiones antiguas y en las tradiciones de muchas culturas. En el judaísmo, los ángeles llevaban mensajes a profetas como Abraham y Daniel. En el cristianismo, el Arcángel Gabriel, anunciaba los nacimientos importantes, como el de Juan el Bautista y el de Jesús. En el Islam, Jibril, era el que entregaba mensajes de Alá a Mahoma. Los babilonios tenían los Sukalli (mensajeros angelicales). Los griegos tenían a Hermes, el mensajero alado de Zeus y a Iris, la mensajera de Hera. Los romanos tenían a Mercurio, el mensajero alado de Júpiter. Los vedas, tenían a Agni, para ellos era el ángel de fuego, mensajero entre el cielo y la tierra.

La palabra ángel es un término general, frecuentemente usado para denominar todas las criaturas espirituales que habitan los dominios celestiales. La palabra ángel, quiere decir "mensajero".

Los cinco ministerios de los ángeles

Queremos traer una clara y profunda definición concerniente al tema de los ángeles y lo que se mueve alrededor de ellos en esta época de gran proliferación de la Angelología. Muchas son las personas que entran en esta nueva modalidad, unas por curiosidad y otras para experimentar nuevas cosas.

Las personas al entrar en esta nueva práctica, (como muchos la llaman "energía del amor"), que es el tener comunicación y hablar con los ángeles; aprenden a establecer contacto directo con ellos escribiendo mensajes y aun determinar que pueden dialogar e incluso pedir deseos. Por tal razón hemos querido hacer un análisis profundo, desde una perspectiva completamente escritural y bíblica de la misión y propósito exclusivo que los ángeles tienen realmente. En el Salmo 103 David nos describe maravillosamente el glorioso ministerio de los ángeles, mencionando cinco específicamente.

Los cinco ministerios de los ángeles

"Bendecid a Jehová, vosotros sus ángeles, poderosos en fortaleza, que ejecutáis su palabra, obedeciendo a la voz de su precepto. Bendecid a Jehová, vosotros todos sus ejércitos, ministros suyos, que hacéis su voluntad. Salmo 103:20-21."

1. Bendicen a Dios

Una de las características gloriosas del ministerio de los ángeles es el bendecir y adorar a Dios. Específicamente los serafines, son criaturas angelicales que están muy cerca de Dios. Ellos exaltan su santidad diciendo: "santo, santo, santo". Con sus seis alas cubren a Dios padre en su trono. El profeta Isaías fue el único siervo que los nombra, ya que en la visión que tiene de Dios, los ve y los observa en la forma que ellos actúan. Cada uno tenía seis alas; con dos cubrían sus rostros, con dos cubrían sus pies, y con dos volaban. Y el uno al otro daba voces, diciendo: "santo, santo, santo, Jehová de los ejércitos; toda la tierra está llena de su gloria. Isaías 6:2-3". Ésta es la única vez que las sagradas escrituras mencionan el rango específico de estos ángeles.

Queremos mencionar que todos los seres creados por Dios aun los ángeles, son sus hijos, solamente se diferencian en su cargo y posición; de allí que toman nombres específicos, ya que su misión es diferente, pero todos son criaturas de Dios. Uno de los ministerios gloriosos de los ángeles es el compartir cánticos y adoración al creador. En el cielo se unen a cantar en coro, y de especial forma cuando Dios interviene sobrenatural y favorablemente.

"Repentinamente apareció con el ángel una multitud de las huestes celestiales, que alababan a Dios. Lucas 2:13". Ellos adoran y cantan tanto en la tierra junto a los redimidos, como en el cielo frente al trono de Dios. En Apocalipsis 5:11-13 leemos que fue oída la voz de muchos ángeles alrededor del trono. Esa voz se une al número de un gran coro, millones de millones que se unen en alabanza a una sola voz.

Ellos nunca se han dejado adorar, mas bien hablaron que eran siervos de los hombres en adoración y servicio hacia Dios.

2. Ejecutan órdenes

La palabra ángel significa "mensajero" Mal'akh en hebreo. Su verbo l'ac significa "enviar" "mensaje" o "trabajo". Como está escrito en Isaías el profeta: "he aquí yo envío delante de tu faz, el cual preparará tu camino delante de ti. Marcos 1:2." Dios envió a su "mensajero" al profeta Zacarías: "Respondí entonces y dije al ángel que hablaba conmigo: señor mío, ¿qué es esto? Y el ángel me dijo: estos son los cuatro vientos de los cielos, que salen después de presentarse delante del señor de toda la tierra. Zacarías 6: 4-5". El vocablo Mal'akh denota a alguien que ha sido enviado a través de una gran distancia por alguien o por una comunidad con el fin de comunicar un mensaje. La Biblia nos da muchos ejemplos de ángeles mensajeros. Él más destacado que se revela es Gabriel. Este ángel que trajo el mensaje al profeta Daniel, al sacerdote Zacarías y a la virgen María. Ellos sólo escuchan y obedecen la voz de su señor.

3. Poderosos en fortaleza

Poderoso no significa como se suele usar la palabra en un vocablo latino, refiriéndose a una persona "rica". La palabra poderoso se interpreta fuerte y valeroso, denota fortaleza en la guerra. Poderoso representa fuerte en potencia, también valeroso en gran alcance.

Ya que la palabra fortaleza significa fuerza, potencia, capacidad, a este glorioso ministerio angelical lo podríamos bien definir como: valerosos de gran alcance. Fuertes de gran firmeza. Esto nos denota el carácter de su personalidad. Esa fuerza y firmeza los hacen ser poderosísimos, en todo lo que Dios les ordena que hagan.

4. Obedecen a la voz de Dios haciendo su voluntad

Este ministerio que se destaca en primer lugar por la obediencia, les proporciona la elevada confianza que el comandante en jefe Yhvh de los ejércitos les deposita. La obediencia y la fidelidad son dos términos que van paralelos con el carácter y forma de ser de los ángeles. Es decir, Dios ha determinado un orden espiritual de autoridad y de jerarquía. El rey David nos revela que los ángeles están por encima del hombre en fuerza y capacidad… "le has hecho un poco menor que los ángeles. Salmo 8:4-5."

5. Ministros de Dios

Estos cinco ministerios de los ángeles denotan su carácter y personalidad. Así como el propósito para el cual fueron creados. Pero, el ser ministros de Dios es uno de los más gloriosos. El Salmo 104:3-4 nos dice: "establece sus aposentos entre las aguas, el que pone las nubes por su carroza, el que anda sobre las alas del viento; el que hace a los vientos sus mensajeros, y a las flamas de fuego sus ministros."

La palabra ministerio *Sharat* en hebreo, significa servidor. Eso nos denota que el ministro tiene a quien servir. En Ezequiel también se da referencia de ésta palabra, refiriéndose a un lugar en el templo que estaba reservado para "los servidores de la casa". Éste es un privilegio dado a los ángeles, también se les ha dado el privilegio a los hombres.

Aquellos que han sido llamados a servir y a obedecer a Dios. "Servid a Jehová con alegría; Salmo 100:2." Vemos la descripción gloriosa de estos ministros angelicales. "El que hace a los vientos sus mensajeros, y a las flamas de fuego sus ministros. Salmo 104:4". Dios los convierte en mensajeros de alta velocidad recorriendo los cielos como viento, llevando sus mensajes y sus órdenes. También convirtiendo sus ministros como llamas de fuego corriendo por los aires. Ellos también son ministros del santuario. Analizando la palabra ministro y servir, vemos una unión y sometimiento total del siervo al dueño o señor. Es decir, con respecto a los ángeles y al pueblo de Dios; vemos que hay una unión de obediencia total. Vemos que la palabra *Sharat* tiene un segundo significado a menudo denota servicio brindado en relación a la adoración que ofrecía el pueblo de Israel a su Dios. Si no hay obediencia, no hay servicio eficaz. Por tal razón es de notar la obediencia y servicio reverente de las criaturas angelicales hacia su creador Eholim Adonai el señor. "¿No son todos espíritus ministros, enviados para servicio a favor de los que serán herederos de la salvación? Hebreos 1:13-14." El señor manda ángeles servidores, para ser ministros específicamente en el área de la salvación de cada uno de sus hijos.

Jerarquías

Arcángeles

Los cuatro más conocidos son; Rafael, Miguel, Gabriel y Uriel. El nombre de los otros tres es un misterio.

Los arcángeles dirigen el ejército celestial en contra de Satanás y sus ángeles caídos.

Gabriel

Es uno de los siete arcángeles. Su nombre significa "Dios es mi fuerza". Ha sido conocido por traerle mensajes y noticias a la humanidad. En la religión del Islam a Gabriel se le conoce como Jibril.

Se le representa con el lirio o con una trompeta, con la que anunciará la segunda venida.

Rafael

Su nombre quiere decir "brillo de sanación". Tiene la capacidad de sanar cualquier enfermedad a los humanos. Se dice que le dio a Noé un libro médico que contenía la cura para todas las enfermedades.

Se le representa con una serpiente, que es el símbolo de la sanación, una flecha, una vasija de bálsamo, el color naranja y el azul claro.

Miguel

Su nombre significa "el que es como Dios". Es el guerrero de Dios. La Biblia narra que Miguel y su ejército derrotan a Satanás y sus ángeles en la guerra que hubo en el cielo, y éstos son arrojados a la tierra. Miguel interviene en varios sucesos de la Biblia: Revelación 20:1-3, Hechos 5:19, Daniel 6:22. Se dice que Juana de Arco, hablaba con Miguel y que éste la ayudó en la guerra de Francia.

Se le representa con el color dorado, amarillo y con la rosa roja.

Uriel

Su nombre significa "fuego de Dios". Junto a Miguel, posee las llaves del infierno y los abismos, y no abrirá estas puertas hasta el día del juicio final. Se le representa con el fuego.

Serafines

Los serafines se han descrito como brillantes, poderosos e incorruptibles. Son los ángeles que más cerca están de Dios y que tienen comunicación directa con él. Son tan radiantes que ni aún los querubines pueden mirarlos de frente. Si los humanos estuvieran en su presencia quedarían incinerados. Ellos controlan el cielo. Su esencia es el amor, por eso son llamados ángeles del amor. Ellos se encuentran alrededor del trono de Dios.

Querubines

La palabra querubín significa, "todo el conocimiento de Dios". Los querubines son ángeles muy poderosos que habitan cerca de Dios. No siempre los querubines son bebés o niños, como se les representa a menudo, también son adultos jóvenes.

Tronos o trones

Están cerca del trono de Dios junto con los serafines y querubines. Su labor es inspirar confianza.

Virtudes

Son responsables de hacer milagros en nombre de Dios, en la tierra. Ayudan a todo el que desee la paz y la bondad.

Dominaciones o dominios

Son conocidos porque son misericordiosos. Son responsables de gran parte de los trabajos de los demás ángeles. Reciben directamente el trabajo de Dios; en muy pocas ocasiones se comunican con los hombres.

Poderes

Fueron los primeros ángeles que Dios creó (luego que creó los primeros cuatro). Son los vigilantes del camino al cielo. Guían a las almas perdidas. Le dan balance al mundo y al espíritu de los hombres. Recopilan toda la historia de la humanidad. Previenen los esfuerzos de los demonios de tratar de dominar el mundo.

Principados o principalidades

Son los guardianes de todas las naciones, gobiernos y pueblos del mundo. Se les conoce también como ángeles íntegros.

Los Ángeles y el zodiaco

En los meses de octubre y diciembre es cuando los ángeles hacen más apariciones y se dejan ver en la tierra. Muchas personas creen que los ángeles son diferentes a los humanos, los ángeles son seres que gracias a su inteligencia, sensibilidad, sabiduría y comprensión se encuentran siempre junto a nosotros para que en cualquier momento en que nos encontremos en dificultades, podamos pedir y contar con su ayuda.

Para conocer a los ángeles que tienen regencia sobre los doce signos del zodiaco, en Navidad y en vísperas de año nuevo se puede hacer una pequeña ceremonia invocando a cada uno de ellos para hacer que el nuevo ciclo que estamos por comenzar nos llegue de la mejor manera posible, además de recordarlos cuando inicie su ciclo o signo durante el año.

Ariel - Aries

Este ángel te proporciona el coraje para luchar en la vida. Visualización: enciende una vela blanca, coloca tres claveles rojos y un vaso de agua. Repite: invoco tu presencia ante mí, necesito tu ayuda, acude a mi llamado y socórreme (petición). Luego agradece su ayuda y ten la seguridad de que todo saldrá bien.

Amiel - Tauro

Este ángel ayuda a que tu carácter sea más flexible y evita que seas celoso y dominante con tus seres queridos. Visualización: enciende una vela rosa, tres flores rosas y un vaso de agua. Repite: yo invoco al Ángel Amiel para que se haga presente, me bañe con su luz rosada y haga trasmutar de mí todas las energías negativas; haciéndome sentir su amor elevado, suavizando mi carácter y tranquilizándome, limpiando mi cuerpo físico, mi etéreo y mi aura.

Remiel - Géminis

Este hermoso ser te da la fuerza del amor y su brillante intelecto, más el don de poder comunicarte con toda la gente. Visualización: enciende una vela blanca, tres flores blancas y un vaso de agua. Repite: luz verde, hermosa y pura alumbra el camino para que Remiel venga a mí para auxiliarme (su petición), dame protección y ayúdame en estos momentos difíciles.

Lunar - Cáncer

Este ángel te ayuda a poner en marcha los proyectos que se han detenido, a encontrar un lugar confortable y agudiza tu percepción. Visualización: enciende una vela blanca, tres claveles blancos y un vaso de agua. Repite: invoco tu presencia Lunar para que me ayudes y protejas, pues necesito que estés a mi lado y me guíes en todas mis acciones (los del signo cáncer pueden hacer meditación en luna llena y al aire libre).

Rafael - Leo

Este ser te ayuda a concretar con éxito todos tus proyectos, empresas y negocios. Visualización: enciende una vela amarilla, tres claveles blancos y un vaso de agua. Repite: Rafael, reclamo tu angelical y dorada presencia ante mí, para ayudarme en (petición) manda tu energía dorada y luminosa, haz que penetre por el chakra coronario y se expanda por todo mi cuerpo hasta llegar a mis pies.

Hamiel - Virgo

Este ángel te brinda agudeza analítica, coordinación, orden e inteligencia, para una mejor evolución. Visualización: enciende una vela verde, tres flores amarillas y un vaso de agua. Repite: Hamiel, baja a mí por medio de una luz violeta y plateada, penetra en mi cuerpo y dame sabiduría para encontrar la solución a (petición).

Haniel - Libra

Este ángel te enseña a ser mediador, controla tus emociones y te guía para que siempre expandas la justicia. Visualización: enciende una vela rosa, tres flores rosas y un vaso de agua. Repite: Haniel invoco tu brillante lilícea y pido que te presentes ante mí, para ayudarme a (petición); porque tú puedes hacerlo como mi ángel protector. Agradezco tu bondad y justo equilibrio.

Escrión - Escorpión

Este ángel te ayuda a canalizar y despertar la fuerza, así como a desarrollar la energía curativa y la intuición. Visualización:

enciende una vela rosa, tres rosas rojas y un vaso de agua. Repite: pido al Ángel Escrión se haga presente y mande sobre mí sus rayos de amor y me ayude a (petición).

RAZIEL - SAGITARIO

Este ángel es el portador de valor, la creatividad y la pasión. Visualización: enciende una vela turquesa, tres flores lilas y un vaso de agua. Repite: Ángel Raziel invoco tu resplandeciente presencia para que acudas en mi ayuda, quiero solucionar (petición). Sé que tú puedes ayudarme.

RAGUEL - CAPRICORNIO

Este ángel te proporciona tenacidad para lograr los objetivos, suavizar tu carácter para no ser tan severo. Visualización: enciende una vela blanca, tres claveles blancos y un vaso de agua. Repite: invoco tu benefactora presencia, oh amado Ángel Raguel, para pedirle ayuda y protección, necesito fuerza para (petición). Agradezco tu colaboración, siento tu luz y energía sobre mí.

STAR - ACUARIO

Este ángel proporciona equilibrio, satisfacción y amor a la humanidad, aumenta la capacidad mental. Visualización: enciende una vela blanca, tres flores lilas o rosas y un vaso de agua. Repite: siento sobre mi frente tu rayo de luz violeta que penetra, siento tu vibración e invoco tu presencia amado Ángel Star. Sé que tú estás conmigo y me ayudas (petición). Ahora sé que todo estará bien.

Sariel - Piscis

Éste ayuda a ver las cosas con más claridad para resolver cualquier problema o tomar una decisión importante. Visualización: enciende una vela lila, tres flores lilas y vaso de agua. Repite: oh, reluciente Ángel Sariel invoco tu presencia ante mí, para que me prestes ayuda en (petición). Sé que desde este mismo momento comienzas a ayudarme y te lo agradezco.

Nunca olvides al final de cada petición dar las gracias al ángel o ángeles que se hayan invocado. Puedes recurrir a uno o varios ángeles, además de que si tu problema es muy grande deberás hacer la visualización durante nueve días seguidos, en cambio si es sencillo se podrá hacer durante tres días. No importa cuánto se sepa de ángeles y arcángeles, si no ayudas al prójimo de nada sirve.

NOMBRE DE TU ÁNGEL SEGÚN FECHA DE NACIMIENTO

BASADO EN LOS 72 ÁNGELES DE LA CABALÁ

Mes	Día	Ángel	Jerarquía
Enero	1	Nemamiah	Arcángeles
Enero	2	Nemamiah	Arcángeles
Enero	3	Nemamiah	Arcángeles
Enero	4	Nemamiah	Arcángeles
Enero	5	Nemamiah	Arcángeles
Enero	6	Ieialel	Arcángeles
Enero	7	Ieialel	Arcángeles
Enero	8	Ieialel	Arcángeles
Enero	9	Ieialel	Arcángeles
Enero	10	Ieialel	Arcángeles
Enero	11	Harahel	Arcángeles
Enero	12	Harahel	Arcángeles
Enero	13	Harahel	Arcángeles
Enero	14	Harahel	Arcángeles

Mes	Día	Ángel	Jerarquía
Enero	15	Harahel	Arcángeles
Enero	16	Mitzrael	Arcángeles
Enero	17	Mitzrael	Arcángeles
Enero	18	Mitzrael	Arcángeles
Enero	19	Mitzrael	Arcángeles
Enero	20	Mitzrael	Arcángeles
Enero	21	Umabel	Arcángeles
Enero	22	Umabel	Arcángeles
Enero	23	Umabel	Arcángeles
Enero	24	Umabel	Arcángeles
Enero	25	Umabel	Arcángeles
Enero	26	Iah-hel	Arcángeles
Enero	27	Iah-hel	Arcángeles
Enero	28	Iah-hel	Arcángeles
Enero	29	Iah-hel	Arcángeles
Enero	30	Iah-hel	Arcángeles
Enero	31	Anauel	Arcángeles
Febrero	1	Anauel	Arcángeles
Febrero	2	Anauel	Arcángeles
Febrero	3	Anauel	Arcángeles

Mes	Día	Ángel	Jerarquía
Febrero	4	Anauel	Arcángeles
Febrero	5	Mehiel	Arcángeles
Febrero	6	Mehiel	Arcángeles
Febrero	7	Mehiel	Arcángeles
Febrero	8	Mehiel	Arcángeles
Febrero	9	Mehiel	Arcángeles
Febrero	10	Damabiah	Ángeles
Febrero	11	Damabiah	Ángeles
Febrero	12	Damabiah	Ángeles
Febrero	13	Damabiah	Ángeles
Febrero	14	Damabiah	Ángeles
Febrero	15	Manakel	Ángeles
Febrero	16	Manakel	Ángeles
Febrero	17	Manakel	Ángeles
Febrero	18	Manakel	Ángeles
Febrero	19	Manakel	Ángeles
Febrero	20	Eiael	Ángeles
Febrero	21	Eiael	Ángeles
Febrero	22	Eiael	Ángeles
Febrero	23	Eiael	Ángeles

Mes	Día	Ángel	Jerarquía
Febrero	24	Eiael	Ángeles
Febrero	25	Habuhiah	Ángeles
Febrero	26	Habuhiah	Ángeles
Febrero	27	Habuhiah	Ángeles
Febrero	28	Habuhiah	Ángeles
Febrero	29	Habuhiah	Ángeles
Marzo	1	Habuhiah	Ángeles
Marzo	2	Rochel	Ángeles
Marzo	3	Rochel	Ángeles
Marzo	4	Rochel	Ángeles
Marzo	5	Rochel	Ángeles
Marzo	6	Rochel	Ángeles
Marzo	7	Jabamiah	Ángeles
Marzo	8	Jabamiah	Ángeles
Marzo	9	Jabamiah	Ángeles
Marzo	10	Jabamiah	Ángeles
Marzo	11	Jabamiah	Ángeles
Marzo	12	Haiayiel	Ángeles
Marzo	13	Haiayiel	Ángeles
Marzo	14	Haiayiel	Ángeles

Mes	Día	Ángel	Jerarquía
Marzo	15	Haiayiel	Ángeles
Marzo	16	Haiayiel	Ángeles
Marzo	17	Mumiah	Ángeles
Marzo	18	Mumiah	Ángeles
Marzo	19	Mumiah	Ángeles
Marzo	20	Mumiah	Ángeles
Marzo	21	Mumiah	Ángeles
Marzo	22	Vehuhia	Serafines
Marzo	23	Vehuhia	Serafines
Marzo	24	Vehuhia	Serafines
Marzo	25	Vehuhia	Serafines
Marzo	26	Jeliel	Serafines
Marzo	27	Jeliel	Serafines
Marzo	28	Jeliel	Serafines
Marzo	29	Jeliel	Serafines
Marzo	30	Jeliel	Serafines
Marzo	31	Sitae	Serafines
Abril	1	Sitae	Serafines
Abril	2	Sitae	Serafines
Abril	3	Sitae	Serafines

Mes	Día	Ángel	Jerarquía
Abril	4	Sitae	Serafines
Abril	5	Elemiah	Serafines
Abril	6	Elemiah	Serafines
Abril	7	Elemiah	Serafines
Abril	8	Elemiah	Serafines
Abril	9	Elemiah	Serafines
Abril	10	Mahasiah	Serafines
Abril	11	Mahasiah	Serafines
Abril	12	Mahasiah	Serafines
Abril	13	Mahasiah	Serafines
Abril	14	Mahasiah	Serafines
Abril	15	Mahasiah	Serafines
Abril	16	Lelahel	Serafines
Abril	17	Lelahel	Serafines
Abril	18	Lelahel	Serafines
Abril	19	Lelahel	Serafines
Abril	20	Lelahel	Serafines
Abril	21	Achaiah	Serafines
Abril	22	Achaiah	Serafines
Abril	23	Achaiah	Serafines

Mes	Día	Ángel	Jerarquía
Abril	24	Achaiah	Serafines
Abril	25	Achaiah	Serafines
Abril	26	Cahetel	Serafines
Abril	27	Cahetel	Serafines
Abril	28	Cahetel	Serafines
Abril	29	Cahetel	Serafines
Abril	30	Cahetel	Serafines
Mayo	1	Haziel	Querubines
Mayo	2	Haziel	Querubines
Mayo	3	Haziel	Querubines
Mayo	4	Haziel	Querubines
Mayo	5	Haziel	Querubines
Mayo	6	Aladiah	Querubines
Mayo	7	Aladiah	Querubines
Mayo	8	Aladiah	Querubines
Mayo	9	Aladiah	Querubines
Mayo	10	Aladiah	Querubines
Mayo	11	Laoviah	Querubines
Mayo	12	Laoviah	Querubines
Mayo	13	Laoviah	Querubines

Mes	Día	Ángel	Jerarquía
Mayo	14	Laoviah	Querubines
Mayo	15	Laoviah	Querubines
Mayo	16	Laoviah	Querubines
Mayo	17	Hahaiah	Querubines
Mayo	18	Hahaiah	Querubines
Mayo	19	Hahaiah	Querubines
Mayo	20	Hahaiah	Querubines
Mayo	21	Hahaiah	Querubines
Mayo	22	Ezalel	Querubines
Mayo	23	Ezalel	Querubines
Mayo	24	Ezalel	Querubines
Mayo	25	Ezalel	Querubines
Mayo	26	Ezalel	Querubines
Mayo	27	Mebael	Querubines
Mayo	28	Mebael	Querubines
Mayo	29	Mebael	Querubines
Mayo	30	Mebael	Querubines
Junio	1	Hariel	Querubines
Junio	2	Hariel	Querubines
Junio	3	Hariel	Querubines

Mes	Día	Ángel	Jerarquía
Junio	4	Hariel	Querubines
Junio	5	Hariel	Querubines
Junio	6	Hariel	Querubines
Junio	7	Hekamiah	Tronos
Junio	8	Hekamiah	Tronos
Junio	9	Hekamiah	Tronos
Junio	10	Hekamiah	Tronos
Junio	11	Hekamiah	Tronos
Junio	12	Lauviah	Tronos
Junio	13	Lauviah	Tronos
Junio	14	Lauviah	Tronos
Junio	15	Lauviah	Tronos
Junio	16	Lauviah	Tronos
Junio	17	Caliel	Tronos
Junio	18	Caliel	Tronos
Junio	19	Caliel	Tronos
Junio	20	Caliel	Tronos
Junio	21	Caliel	Tronos
Junio	22	Leuviah	Tronos
Junio	23	Leuviah	Tronos

Mes	Día	Ángel	Jerarquía
Junio	24	Leuviah	Tronos
Junio	25	Leuviah	Tronos
Junio	26	Leuviah	Tronos
Junio	27	Leuviah	Tronos
Junio	28	Pahaliah	Tronos
Junio	29	Pahaliah	Tronos
Junio	30	Pahaliah	Tronos
Julio	1	Pahaliah	Tronos
Julio	2	Pahaliah	Tronos
Julio	3	Nelchael	Tronos
Julio	4	Nelchael	Tronos
Julio	5	Nelchael	Tronos
Julio	6	Nelchael	Tronos
Julio	7	Nelchael	Tronos
Julio	8	Yieiael	Tronos
Julio	9	Yieiael	Tronos
Julio	10	Yieiael	Tronos
Julio	11	Yieiael	Tronos
Julio	12	Yieiael	Tronos
Julio	13	Melahel	Tronos

Mes	Día	Ángel	Jerarquía
Julio	14	Melahel	Tronos
Julio	15	Melahel	Tronos
Julio	16	Melahel	Tronos
Julio	17	Melahel	Tronos
Julio	18	Melahel	Tronos
Julio	19	Haheuiah	Tronos
Julio	20	Haheuiah	Tronos
Julio	21	Haheuiah	Tronos
Julio	22	Haheuiah	Tronos
Julio	23	Haheuiah	Tronos
Julio	24	Nith-haiah	Dominaciones
Julio	25	Nith-haiah	Dominaciones
Julio	26	Nith-haiah	Dominaciones
Julio	27	Nith-haiah	Dominaciones
Julio	28	Nith-haiah	Dominaciones
Julio	29	Haaiah	Dominaciones
Julio	30	Haaiah	Dominaciones
Julio	31	Haaiah	Dominaciones
Agosto	1	Haaiah	Dominaciones
Agosto	2	Haaiah	Dominaciones

Mes	Día	Ángel	Jerarquía
Agosto	3	Ierathel	Dominaciones
Agosto	4	Ierathel	Dominaciones
Agosto	5	Ierathel	Dominaciones
Agosto	6	Ierathel	Dominaciones
Agosto	7	Ierathel	Dominaciones
Agosto	8	Seheiah	Dominaciones
Agosto	9	Seheiah	Dominaciones
Agosto	10	Seheiah	Dominaciones
Agosto	11	Seheiah	Dominaciones
Agosto	12	Seheiah	Dominaciones
Agosto	13	Seheiah	Dominaciones
Agosto	14	Reyiel	Dominaciones
Agosto	15	Reyiel	Dominaciones
Agosto	16	Reyiel	Dominaciones
Agosto	17	Reyiel	Dominaciones
Agosto	18	Reyiel	Dominaciones
Agosto	19	Omael	Dominaciones
Agosto	20	Omael	Dominaciones
Agosto	21	Omael	Dominaciones
Agosto	22	Omael	Dominaciones

Mes	Día	Ángel	Jerarquía
Agosto	23	Omael	Dominaciones
Agosto	24	Lecabel	Dominaciones
Agosto	25	Lecabel	Dominaciones
Agosto	26	Lecabel	Dominaciones
Agosto	27	Lecabel	Dominaciones
Agosto	28	Lecabel	Dominaciones
Agosto	29	Vasariah	Potestades
Agosto	30	Vasariah	Potestades
Agosto	31	Vasariah	Potestades
Septiembre	1	Vasariah	Potestades
Septiembre	2	Vasariah	Potestades
Septiembre	3	Yehuiah	Potestades
Septiembre	4	Yehuiah	Potestades
Septiembre	5	Yehuiah	Potestades
Septiembre	6	Yehuiah	Potestades
Septiembre	7	Yehuiah	Potestades
Septiembre	8	Yehuiah	Potestades
Septiembre	9	Lehahiah	Potestades
Septiembre	10	Lehahiah	Potestades
Septiembre	11	Lehahiah	Potestades

Mes	Día	Ángel	Jerarquía
Septiembre	12	Lehahiah	Potestades
Septiembre	13	Lehahiah	Potestades
Septiembre	14	Chavakiah	Potestades
Septiembre	15	Chavakiah	Potestades
Septiembre	16	Chavakiah	Potestades
Septiembre	17	Chavakiah	Potestades
Septiembre	18	Chavakiah	Potestades
Septiembre	19	Menadel	Potestades
Septiembre	20	Menadel	Potestades
Septiembre	21	Menadel	Potestades
Septiembre	22	Menadel	Potestades
Septiembre	23	Menadel	Potestades
Septiembre	24	Aniel	Potestades
Septiembre	25	Aniel	Potestades
Septiembre	26	Aniel	Potestades
Septiembre	27	Aniel	Potestades
Septiembre	28	Aniel	Potestades
Septiembre	29	Haamiah	Potestades
Septiembre	30	Haamiah	Potestades
Octubre	1	Haamiah	Potestades

Mes	Día	Ángel	Jerarquía
Octubre	2	Haamiah	Potestades
Octubre	3	Haamiah	Potestades
Octubre	4	Rehael	Potestades
Octubre	5	Rehael	Potestades
Octubre	6	Rehael	Potestades
Octubre	7	Rehael	Potestades
Octubre	8	Rehael	Potestades
Octubre	9	Ieiazel	Virtudes
Octubre	10	Ieiazel	Virtudes
Octubre	11	Ieiazel	Virtudes
Octubre	12	Ieiazel	Virtudes
Octubre	13	Ieiazel	Virtudes
Octubre	14	Hahahel	Virtudes
Octubre	15	Hahahel	Virtudes
Octubre	16	Hahahel	Virtudes
Octubre	17	Hahahel	Virtudes
Octubre	18	Hahahel	Virtudes
Octubre	19	Mikael	Virtudes
Octubre	20	Mikael	Virtudes
Octubre	21	Mikael	Virtudes

Mes	Día	Ángel	Jerarquía
Octubre	22	Mikael	Virtudes
Octubre	23	Mikael	Virtudes
Octubre	24	Veualiah	Virtudes
Octubre	25	Veualiah	Virtudes
Octubre	26	Veualiah	Virtudes
Octubre	27	Veualiah	Virtudes
Octubre	28	Veualiah	Virtudes
Octubre	29	Veualiah	Virtudes
Octubre	30	Yelehiah	Virtudes
Octubre	31	Yelehiah	Virtudes
Noviembre	1	Yelehiah	Virtudes
Noviembre	2	Yelehiah	Virtudes
Noviembre	3	Sealiah	Virtudes
Noviembre	4	Sealiah	Virtudes
Noviembre	5	Sealiah	Virtudes
Noviembre	6	Sealiah	Virtudes
Noviembre	7	Sealiah	Virtudes
Noviembre	8	Sealiah	Virtudes
Noviembre	9	Ariel	Virtudes
Noviembre	10	Ariel	Virtudes

Mes	Día	Ángel	Jerarquía
Noviembre	11	Ariel	Virtudes
Noviembre	12	Ariel	Virtudes
Noviembre	13	Asaliah	Virtudes
Noviembre	14	Asaliah	Virtudes
Noviembre	15	Asaliah	Virtudes
Noviembre	16	Asaliah	Virtudes
Noviembre	17	Asaliah	Virtudes
Noviembre	18	Mihael	Principados
Noviembre	19	Mihael	Principados
Noviembre	20	Mihael	Principados
Noviembre	21	Mihael	Principados
Noviembre	22	Mihael	Principados
Noviembre	23	Vehuel	Principados
Noviembre	24	Vehuel	Principados
Noviembre	25	Vehuel	Principados
Noviembre	26	Vehuel	Principados
Noviembre	27	Vehuel	Principados
Noviembre	28	Daniel	Principados
Noviembre	29	Daniel	Principados
Noviembre	30	Daniel	Principados

Mes	**Día**	**Ángel**	**Jerarquía**
Diciembre	1	Daniel	Principados
Diciembre	2	Daniel	Principados
Diciembre	3	Hahasiah	Principados
Diciembre	4	Hahasiah	Principados
Diciembre	5	Hahasiah	Principados
Diciembre	6	Hahasiah	Principados
Diciembre	7	Hahasiah	Principados
Diciembre	8	Imamiah	Principados
Diciembre	9	Imamiah	Principados
Diciembre	10	Imamiah	Principados
Diciembre	11	Imamiah	Principados
Diciembre	12	Imamiah	Principados
Diciembre	13	Nanael	Principados
Diciembre	14	Nanael	Principados
Diciembre	15	Nanael	Principados
Diciembre	16	Nanael	Principados
Diciembre	17	Nanael	Principados
Diciembre	18	Nithel	Principados
Diciembre	19	Nithel	Principados
Diciembre	20	Nithel	Principados

Mes	Día	Ángel	Jerarquía
Diciembre	21	Nithel	Principados
Diciembre	22	Nithel	Principados
Diciembre	23	Mebabiah	Principados
Diciembre	24	Mebabiah	Principados
Diciembre	25	Mebabiah	Principados
Diciembre	26	Mebabiah	Principados
Diciembre	27	Mebabiah	Principados
Diciembre	28	Poiel	Principados
Diciembre	29	Poiel	Principados
Diciembre	30	Poiel	Principados
Diciembre	31	Poiel	Principados

RITUALES

LLAVES TONALES DE LOS SIETE ARCÁNGELES

1. La llave tonal del Arcángel Miguel se encuentra en el 2° acto de opera *Fausto,* de Charles Gounod; y la llave tonal de las legiones del Arcángel Miguel se encuentra en una composición conocida como *Vitrales de la iglesia,* del músico italiano Ottorino Respighi.

2. Los amados Chamuel y Caridad sostienen su radiación de amor, en el "Regina Coeli " de la opera *La caballería rusticana* de Pietro Mascagni.

3. La llave tonal del retiro de los Arcángeles Gabriel y la señora Esperanza se encuentra en el preludio de la mística opera de Wagner, *Parsifal.*

4. La llave tonal del Arcángel Gabriel se encuentra en el "intermezzo" de *La caballería rusticana,* de Pietro Mascagni.

5. La llave tonal del Arcángel Rafael se encuentra en la obra *Un susurro de esperanza,* de Hawthorne.

6. La llave tonal del Arcángel Uriel es *Canción de cuna* de J. Brahms; y los ángeles de la paz y suministración tienen por llave tonal "La oración" de la opera *Hansel y Gretel* de Humperdinck.

7. La llave tonal de Zadkiel se encuentra en “El fuego mágico” de la opera *Las Walkirias* de Wagner.

Los perfumes

Los perfumes celestiales son sutiles energías que transitan por las líneas cósmicas, que atraviesan la tierra y tienen la propiedad de manifestarse a través de flores, plantas, árboles, resinas, semillas, rocas, maderas, y en todas y cada una de las minúsculas partículas de la creación. Estas fragancias alcanzan también a los ángeles.

Ángeles:

El perfume de las frutas, flores de árboles y plantas frutales.

Arcángeles:

Prefieren las flores silvestres, ramas de pino, inciensos como sándalo, mirra, benjuí, estoraque, alcanfor, laurel, romero.

Principados:

Esencias dulces y suaves como por ejemplo violetas, rosas, ámbar.

Tronos:

Flores de lavanda, romero, paraíso, eucalipto, fragancias fuertes.

Dominaciones:

Perfume de incienso, benjuí, mirra, semillas olorosas y todo tipo de perfume poderoso.

Potencias:

Esencias oleosas de pinos silvestres, ámbar y esencias cítricas.

Virtudes:

Flores silvestres y rosas de todo tipo.

Querubines:

Esencia de ámbar, rosas, jazmín, violetas, orquídeas, lirio.

Serafines:

Gustan de todos los perfumes.

Cómo hacer tu perfume personal

Se puede utilizar una esencia oleosa que se vende en cualquier comercio dedicado a la aromoterapia así como también en algunas farmacias. Existen comercios dedicados a la venta de objetos de culto y religiosidad donde también podrás conseguir estas esencias. La lista es muy larga, pero aquí cito algunos:

Incienso, almizcle, benjuí, mirra, pino, lavanda, violeta, rosas, lirio, clavel, sándalo y ámbar.

Se toma un frasquito limpio y se agregan unas gotas de las esencias que varían en numero, según el resultado que se persiga, luego se agrega alcohol de 70 grados a la mezcla, se agita y se tapa, y ya está listo el perfume.

La graduación de las esencias es según tu gusto. Podrás usarlo cuando quieras y sentir la protección de tus ángeles a través de una fragancia. Si no quisieras usarlo en tu cuerpo, puedes usarlo para perfumar objetos si lo deseas.

Perfume de querubines

Se necesita 1 litro de alcohol de 96 grados al cual se le agregan:

3 gramos de esencia de cidra.

2 gramos de esencia de lavanda.

1 gramo de esencia de azahar.

3 gramos de esencia de rosas.

6 gramos de esencia de bergamota.

Etiqueta el frasco con el nombre del querubín que quieras, guárdalo y úsalo cuando desees.

Perfume de los arcángeles

250 cm^3 de alcohol de 96 grados.

Un gotero.

7 gotas de esencia de pino.

7 gotas de esencia de rosas.

7 gotas de esencia de ámbar.

7 gotas de esencia de almizcle.

7 gotas esencia de sándalo.

7 gotas esencia de vainilla.

7 gotas esencia de benjuí.

Etiquetas con el nombre del arcángel que quieras.

Utilizar flores frescas en un ambiente, da al lugar una sensación de tranquilidad y paz. No utilices perfumes o flores que tengan un aroma que te produzca dolor de cabeza o que no sea de tu gusto. Lo importante es que el aroma que utilice ayude a crear un entorno agradable.

UNA FORMA MÁS DE TRABAJAR CON LOS ÁNGELES

Los ángeles son con respecto a Dios, lo que los rayos del sol son con respecto al sol. Dios creó a los ángeles para que nos sirvan y nos atiendan. Su razón de ser es contestar a nuestras oraciones.

Aunque vivimos en el mundo material, tenemos un vínculo especial con Dios mediante sus ángeles.

Cada uno de nosotros tiene una porción de Dios, una chispa divina en nuestro interior que nos permite pedir ayuda a los ángeles, y esperar resultados.

Los ángeles contestarán nuestras peticiones siempre y cuando lo que pidamos sea positivo, no perjudique a nadie ni interfiera con nuestro plan divino. Los ángeles quieren ser parte de nuestra vida. Están listos para ayudarnos a resolver problemas grandes y pequeños y para acercarnos a nuestro ser superior, nuestro ser espiritual o real.

DIEZ PASOS PARA TRABAJAR CON LOS ÁNGELES

1. Hazle sitio en tu vida a los ángeles.

Si quieres que los ángeles se sientan a gusto contigo, tienes que hacer que tu mundo, pensamientos, sentimientos y entorno, se parezca más al de ellos.

Los ángeles se sienten cómodos con pensamientos de paz y amor, no con pensamientos de irritación y agresividad.

Aíslate de cualquier distracción, quédate en silencio en tu lugar favorito y comulga con los ángeles. Simplemente, háblales de tus problemas. Habla como si lo hicieras con tu mejor amigo, y escucha. Guarda silencio y permanece a la espera de los pensamientos que los ángeles pondrán en tu mente.

2. Haz las oraciones en voz alta.

Pero no es necesario que hables para que te presten atención, los ángeles han respondido a muchas oraciones silenciosas o a un intenso deseo del corazón. Sin embargo, obtendrás una respuesta más eficaz si les hablas en voz alta.

Tu voz tiene poder. Las oraciones hablada' rentes formas: canciones e himnos, oraciones ... y sin estructurar. Se puede combinar todo esto con decret... y fiats. Los decretos permiten al hombre y a Dios trabajar juntos para generar cambios constructivos. Los fiats son afirmaciones poderosas y breves. Haz tus decretos y fiats en voz alta y firme.

3. Utiliza el nombre de Dios.

Dios está dentro de ti, y al utilizar la energía de Él que hay en tu interior para dirigir a los ángeles, ellos te pueden responder con todo el poder del universo. El fuego que Dios te da por ser hijo o hija, esta chispa divina, es el poder de crear en su nombre y de darle órdenes a los ángeles.

Cada vez que dices: "yo soy...", estas diciendo: "Dios en mí es..." y así atraes hacia ti lo que dices a continuación.

4. Ofrece tus oraciones y decretos todos los días.

Los ángeles siempre están listos. Pero nosotros no siempre sabemos cómo llegar hasta ellos. La mejor manera es comulgar con ellos diariamente. Al hacerlo así, no solamente te ayudas a ti mismo, sino que ayudas a mucha gente que incluso no conoces. Los ángeles buscan personas que invoquen habitualmente la luz de Dios para asociarse a ellos, para lograr la curación del planeta.

Cuando encuentran a estas personas, envían luz a través de ellas para ayudar a los que están en peligro de enfermar o de sufrir crímenes violentos o desastres naturales. Tus oraciones pueden generar enormes cambios.

5. Pide ayuda.

Incluso después de establecer una relación con los ángeles, tienes que acordarte de pedir ayuda cuando la necesites. Los ángeles respetan tu libre albedrío. En raras ocasiones intercederán sin que se lo pidas.

Normalmente esperan cortésmente hasta ser llamados.

6. Repite los decretos y oraciones.

Las oraciones y decretos son más eficaces cuando los repites, porque cada vez que los dices, están dando más energía de luz a Dios y a los ángeles. Los ángeles utilizan esa energía como si fuera una semilla, y le añaden más energía de luz cuando van a responder a tu petición.

7. Envía tus oraciones a la dirección correcta.

Si necesitas protección, llamas a los ángeles de protección. Si quieres arreglar una relación, llamas a los ángeles del amor.

Los ángeles tienen diferentes trabajos, y utilizan energías de diferentes frecuencias para realizar esos trabajos. Puedes llegar a conectarte de manera más íntima con los ángeles cuando llamas al arcángel cuyos ángeles están especializados en ocuparse de lo que quieres que se haga.

8. Sé específico.

Los ángeles responden a los llamados con precisión y se enorgullecen de hacerlo así. Cuanto más específica sea la petición, tanto más específica será la respuesta. Mientras vivas en armonía con la fuente universal y dediques tus energías a ayudar a los demás, las huestes angelicales te ayudarán hasta en los detalles más pequeños de tu vida.

9. Visualiza lo que quieres que pase.

Puedes aumentar el poder de tu oración manteniendo una intensa imagen mental de lo que quieres que pase. Además, puedes visualizar una luz brillante alrededor del problema o situación. Puede ser de ayuda concentrarte en una fotografía.

10. Espera sorpresas.

La capacidad que tienen los ángeles para responder a nuestras oraciones depende del efecto acumulado de nuestras acciones pasadas, de nuestras buenas o malas acciones de ésta y otras vidas, o sea, de nuestro karma. Los ángeles están sujetos a las leyes del karma. Cuando oramos y damos devoción a los ángeles, a veces éstos pueden disminuir los efectos del karma, pero a menudo sólo pueden reducirlo.

Los ángeles escuchan todas las oraciones, pero para que las peticiones sean concedidas deben cumplir tres condiciones:

1) No pueden interferir con el plan que Dios tiene para tu alma o con el karma.

2) No pueden ser perjudiciales para ti u otras personas.

3) El momento debe ser el adecuado.

La oración siempre da frutos, simplemente, tiene que saber dónde mirar.

Ángeles de protección

Arcángel Miguel "El que es como Dios".

Color: Azul

Retiro: Banff, cerca del lago Louise en Canadá.

Lo que puedes pedirle:

- Liberación de miedos y dudas sobre uno mismo, fortalecimiento de la fe, perfeccionamiento del alma.
- Protección contra peligros físicos y espirituales; exorcismo de demonios.
- Inspiración para los líderes, mejora de los gobiernos.

La capacidad del Arcángel Miguel y sus ángeles de protección de contestar las llamadas de socorro, aumenta cuando se le dedican oraciones diarias.

Llamado: ¡Arcángel Miguel, ayúdame, ayúdame, ayúdame!

Ángeles de la iluminación

Arcángel Jophiel "Belleza de Dios"

Color: Amarillo

Retiro: Cerca de Lanchow, al norte de la china central.

Lo que puedes pedirles:

- Sabiduría, iluminación, comprensión, inspiración, conocimiento.

- Ayuda en la absorción de información; liberación de posibles adicciones; disolución de la ignorancia, el orgullo y la estrechez de miras.

- Ayuda en la lucha contra la contaminación y para la limpieza de nuestro planeta.

Muchas de nuestras ideas, en realidad, provienen del Arcángel Jophiel y de los ángeles de la iluminación, quienes nos ponen en contacto con la mente de Dios, la fuente de toda creatividad. Estos ángeles nos proporcionan grandes inspiraciones y revelaciones que transforman nuestras vidas. Ellos nos ayudan a entrar en contacto con nuestro ser superior e incluso a asimilar información y a adquirir nuevas técnicas. Su propósito primordial es rescatarnos de la ignorancia.

Cuando comulgas con estos ángeles, te liberan de cualquier cosa que te impida unirte a tu ser superior. Pueden ayudarte a aumentar tu capacidad mental y a utilizar un porcentaje mayor del cerebro. Háblales de cuestiones que tengas en la cabeza y la mejor manera de enfocar los problemas. Puedes confiar en ellos para todo esto, así como para mantenerte en contacto con tu ser superior, al invocar diariamente la llama de la iluminación.

Llamado: ¡Ángeles resplandecientes de alturas estelares, carguen mi ser y mi mente de luz!

Ángeles del amor

Arcángel Chamuel, "El que ve a Dios"

Color: Rosa

Retiro: San Louis Missouri

Lo que puedes pedirles:

- Amor, compasión, misericordia, creatividad, perdón.
- Disolución de los sentimientos de egoísmo, la aversión de uno mismo, autocondenación, falta de autoestima; preparación para recibir al Espíritu Santo.
- Protección contra la malicia, la difamación y los malos entendidos.
- Inauguración de nuevas amistades y relaciones; reparación de relaciones dañadas.
- Ayuda para que las personas se lleven bien.
- Ayuda para encontrar empleo.
- Localización de objetos perdidos.
- Curación de la tensión étnica y racial.

Así como el amor puede ser a veces suave y otras intenso; también el Arcángel Chamuel y sus ángeles pueden aparecer rodeados de capas de luz delicada para consolar a un niño asustado; pueden ponerse su armadura para luchar contra las fuerzas de la crueldad y del odio que causan muchos de los problemas presentes en las familias y en las relaciones.

Los ángeles del amor te pueden ayudar a luchar contra las fuerzas de antiamor, que ocasionan adicciones y problemas psicológicos, como la depresión y los comportamientos compulsivos.

Los ángeles del amor también están especializados en hacer que tu vida sea más fácil. El Arcángel Chamuel asignará ángeles para que te ayuden en tu vida diaria como si fueran tus empleados personales. Puedes pedirles que hagan recados, que preparen el camino para el éxito de las reuniones y que emprendan proyectos especiales en beneficio de la familia, negocios o grupo.

Son expertos en mejorar la comunicación entre las personas. Puedes pedirles que ayuden a los que viven contigo a que se entiendan y que te ayuden a ser más comprensivo, para poder satisfacer las necesidades de los demás.

Agrégale a tu ritual diario algunas oraciones a los ángeles del amor. Verás cómo te transforman y a aquellos que están cerca de ti.

Los ángeles del amor se ocupan de forma especial de proporcionarnos comodidades y bienestar. Pueden encontrar cosas como joyas perdidas, ropa y documentos traspapelados.

"Ángeles, por favor, ayúdenme a encontrar mi....."

Llamado: En el nombre de Dios "yo soy el que soy", en el nombre del Arcángel Chamuel: ¡márchense, fuerzas del antiamor!

Ángeles de la guía

Arcángel Gabriel, "Dios es mi fortaleza".

Color: Blanco

Retiro: Valle Esperanza, entre Sacramento y el Monte Shasta en California

Lo que puedes pedirles:

- Guía para crear tu vida espiritual; revelación del plan y el propósito de tu vida.
- Disolución del desaliento; alegría, felicidad, realización.
- Ayuda para establecer disciplina y orden en tu vida; organización de tu entorno emocional, mental y físico, incluyendo cosas, como la compra de casas.
- Ayuda para organizar operaciones para el mantenimiento de la paz, la distribución de la comida y ayuda médica; alivio para víctimas de desastres naturales.

El Arcángel Gabriel y los ángeles de la guía te ayudarán a comprender cuál es tu vocación en la vida y a realizarla. Te ayudarán a comprender el plan que tú, tu ser superior y una junta de seres espirituales organizaron para tu vida antes de que nacieras. Te ayudarán a recordar lo que tienes que hacer para realizar ese plan y a encontrarte con las personas que te ayudarán a manifestarlo.

Los ángeles de la guía te hablarán si persistes en escucharles. Una de las mejores técnicas para convocar la guía angélica es pedirles a los ángeles que te transfieran información mientras duermes.

Ángeles de la curación

Arcángel Rafael "Dios ha curado".

Color: Verde

Retiro: Fátima, Portugal

Lo que puedes pedirles:

- Integridad, previsión, visión espiritual, inspiración de la verdad.
- Curación del cuerpo, la mente, el alma y el espíritu.
- Inspiración para el estudio y la práctica de música; satisfacción de necesidades físicas tales como alimento, ropa, alojamiento, herramientas de tu oficio.
- Solución de desavenencias entre naciones; curación de los heridos en campos de batalla.
- Inspiración de nuevos remedios para curar enfermedades.

A Rafael se le conoce como el ángel de la ciencia, el conocimiento y la curación. Trabaja con los ángeles de la curación y con María, la reina de los ángeles, para la curación de las enfermedades del cuerpo, la mente y el alma.

Pídeles que se lleven cualquier energía negativa que esté provocando la enfermedad. Reza todos los días a los ángeles pidiendo curación, visualizando la energía de la luz curativa de Dios de un brillante color esmeralda rodeando e infundiendo el área enferma o herida.

Llama siempre a los ángeles de protección para que trabajen con los ángeles de curación. Con frecuencia el proceso de curación ha de ser protegido de fuerzas invasoras, que incluyen desde infecciones hasta energía negativa.

Si rezas y no ves resultados inmediatos, no te des por vencido. El Arcángel Rafael ha explicado que no siempre es posible la curación física. Puede que tu karma exija que experimentes dolor físico o una enfermedad durante un tiempo.

Sin embargo, las oraciones pueden servir para curar las enfermedades del alma y del espíritu que te llevaron inicialmente a hacer el karma.

Permanece siempre preparado para recibir resultados milagrosos. Nunca se sabe cuando tu oración o un acto de gracia permitirá que el karma sea puesto a un lado y que veas la hermosa obra de los ángeles de curación cuando restauran almas y cuerpos quebrantados.

Después de tus oraciones sinceras para recibir curación o los dones espirituales o físicos que necesitas, reza tres avemarías. "El avemaría está destinado a reverenciar no sólo a la madre de Jesús sino también a Dios como padre. Cuando se recita el avemaría, millones de ángeles responden."

Llamado:

¡Yo soy la resurrección y la vida de mi salud perfecta manifestada ahora!

Ángeles de la paz

Arcángel Uriel "Fuego de Dios".

Color: morado y oro salpicado de rubí.

Retiro: Monte Tatra, al sur de Cracovia en Polonia.

Lo que puedes pedirles:

- Paz interior, tranquilidad de espíritu, resolución de los problemas de ira y temor en la psique; renovación de la esperanza.

- Resolución pacífica de los problemas en las relaciones personales, sociales y profesionales; ayuda en la creación de un entorno armonioso para fomentar la creatividad y el crecimiento.

- Inspiración y ayuda para los que trabajan en hospitales, hospicios, psicólogos, profesores y todos los que sirven a los demás.

- El fin de la guerra; instauración de la paz, promoción de la hermandad y de la comprensión; manifestación de la justicia divina en los tribunales y entre las naciones.

Los ángeles de la paz y el Arcángel Uriel, son tan grandes y poderosos que pueden disolver problemas aparentemente irresolubles, con la luz de sus benéficas sonrisas. Puedes imaginarte a Uriel y a los ángeles de la paz como ángeles gigantescos, ellos pueden llevar paz a lugares turbulentos del mundo, al hogar e incluso a la mente o a espíritus afligidos. Trabajan rápido y con gran poder, cuando responden a su llamado, puedes ver cómo tus problemas desaparecen velozmente.

En el hogar, la familia y la psique, trabajan con la precisión de un micro cirujano. Ellos suavizan los desacuerdos y te ayudarán a deshacerte de las fuentes de agitación entre miembros de tu familia.

Llamado:

¡Arcángel Uriel, haz de mí un instrumento de la paz de Dios!

Ángeles de la alegría

Arcángel Zadkiel "Justicia de Dios".

Color: violeta

Retiro: Cuba

Lo que puedes pedirles:

- Libertad del alma, felicidad, alegría, perdón, libertad, justicia, misericordia, disolución de recuerdos dolorosos y de rasgos negativos.

- Tolerancia, diplomacia.

- Disolución de recuerdos de lucha entre naciones y grupos étnicos.

Los recuerdos negativos pueden ser una de las cosas más difíciles de vencer. Afectan la forma en la que nos relacionamos con otras personas y cómo pensamos sobre nosotros mismos.

Zadkiel y los ángeles de la alegría pueden ayudarte con esos recuerdos. Él y sus ángeles pueden enseñarte a usar la llama violeta, la llama de Dios que vibra a la frecuencia más alta, para disolver los recuerdos que te impiden desarrollar tu máximo potencial.

La llama violeta le proporciona a tu alma libertad, alegría y realización, liberándote de tu propio comportamiento restrictivo. Puede ayudarte a vencer tu karma y los hábitos que te hacen vulnerable al dolor, al sufrimiento, y a cualquier cosa que hace que tengas necesidad de la ayuda de los ángeles.

Invocando la llama violeta mediante decretos, puedes convertir toda la energía mal cualificada en energía positiva. A esto se le llama transmutación.

La llama violeta también puede ayudarte a purificar el cuerpo físico de los residuos de las drogas, los pesticidas y otros agentes químicos que pueden perjudicar las funciones del cuerpo.

Llamado:

¡Yo soy la llama viviente de la libertad cósmica!

Cómo visitar a los ángeles en su casa

Los arcángeles mantienen hogares espirituales o retiros en el mundo celestial sobre determinados lugares de poder en la tierra. Cada uno de estos retiros es un punto de reunión para los ángeles y un centro de introducción para nuestras almas mientras dormimos por la noche.

Se pueden visitar las universidades del espíritu, que poseen bibliotecas y salones de conferencias donde puedes aprender sobre cualquier tema que se te ocurra, desde psicología personal hasta cómo llevarse bien con los demás, pasando por conceptos matemáticos.

La mente consciente no recordará necesariamente todo lo que hayas aprendido en estas universidades del espíritu, pero la información te puede llegar como instrucciones y como destellos de inspiración.

Elige el retiro que quieres visitar, basándote en el tipo de trabajo espiritual que estás haciendo. Y antes de irte a dormir, recita:

"En el nombre de mi ser real, llamo a los ángeles para que me lleven en mi conciencia anímica al retiro etérico de:

____

Ubicado en______________________________

____

Pido ser llenado e inspirado con la voluntad de Dios. Y pido al Arcángel ______________________________
y a los ángeles de ______________________________
que ______________________________
____

Pido que toda la información necesaria para el cumplimiento de mi plan divino le sea entregada a mi conciencia externa según la necesite. Te doy las gracias y lo acepto hecho en esta hora con pleno poder."

Decretos y oraciones a los ángeles

Al iniciar tu sesión devocional a los ángeles, di: en el nombre de yo soy el que soy, llamo a los siete arcángeles y a sus legiones de luz, llamo al amado

Arcángel ____________________

y a los ángeles de ________________

y les pido que __________________

Pido que mi llamado sea multiplicado y utilizado para ayudar a las almas necesitadas de este planeta. Se los agradezco y lo acepto hecho en esta hora con pleno poder, de acuerdo con la voluntad de Dios.

Oraciones al Arcángel Miguel y los ángeles de protección

Visualiza la presencia del Arcángel Miguel frente a ti, detrás, a la izquierda, a la derecha, por encima y por debajo de ti. Imagínate a ti mismo llevando un casco y la armadura de acero azul que impide que los peligros físicos alcancen tu cuerpo o tu mente. Mantén esta imagen mental durante todo el día. Puedes utilizar esta visualización para ayudar a los demás. Cuando estés manejando o vas en un vehículo, ve la presencia del Arcángel Miguel alrededor de todos los vehículos que haya en la carretera y pídele que proteja a todos los vehículos que estén circulando por todo el mundo. De esta manera, tu llamado puede ser multiplicado y puedes poner a trabajar a millones de ángeles.

Comienza recitando despacio. A medida que vayas aprendiendo el decreto, puedes aumentar la velocidad.

1. ¡San Miguel delante! ¡San Miguel detrás! ¡San Miguel a la derecha! ¡San Miguel a la izquierda! ¡San Miguel arriba! ¡San Miguel abajo! ¡San Miguel, San Miguel dondequiera que vaya!

¡Yo soy su amor protegiendo aquí!

¡Yo soy su amor protegiendo aquí!

¡Yo soy su amor protegiendo aquí!

(Repetir todo por 3 o 9 veces).

2. ¡San Miguel, poderoso y verdadero, protégenos con tu espada azul!

¡Manténnos centrados en la radiante armadura de luz resplandeciendo brillante!

Yo soy, yo soy, yo soy la fuerza poderosa de protección.

Yo soy, yo soy, yo soy protegida a cada hora.

Yo soy, yo soy, yo soy.

Oración al Ángel de la Guarda

Padre celestial, doy gracias a tu infinita bondad,
por haberme confiado desde el mismo instante
en que mi alma salía de tus manos creadoras
y me enviaste a un ángel para que me ilumine,
guarde, rija y gobierne. Te doy gracias también a ti
ángel de mi guarda, por tu cotidiana compañía
en mi peregrinación hacia el padre celestial.
Tus santas inspiraciones, la continua protección
contra los peligros espirituales y corporales y tu oración,
me sirvan de consuelo y segura esperanza.
Tú, que contemplas continuamente al señor,
y que deseas que también que yo te haga compañía
en el Cielo, te ruego me obtengas el perdón por las
muchas veces que he sido sordo a tus consejos,
que he pecado en tu presencia, y por la poca
familiaridad que he tenido contigo,
aunque estás siempre a mi lado.
Te pido también por todas las iglesias, los trabajadores,
los enfermos, y todos los pueblos del mundo;
obtén bendiciones y salvación a
cuantos buscan la verdad, la justicia y la paz.

Amén.

Al dormir
mi alma va a encontrarse un instante
con los otros espíritus.
Que vengan los buenos
y me ayuden con sus consejos.
Ángel de la guarda, haced que al despertar
conserve de ello una impresión saludable y duradera.
Permite, oh Dios mío, que pueda mi espíritu
encontrarse con mis seres familiares que han partido ya,
y que reciba de ellos la fortificación
espiritual y sus buenos consejos.
Amén.

Cómo conocer el nombre de tu ángel guardián

Todos nosotros sabemos que existen listas de nombres de ángeles de acuerdo a la fecha de nacimiento de cada uno.

Debido a que cada ángel guardián es una entidad cósmica de gran poder, es aconsejable prepararse mental y físicamente antes de contactarlo.

Toda energía que proviene del inconsciente debe ser lo más pura posible para poder ser utilizada de forma efectiva. Por esto es importante recomendar abstenerse de comer carnes, de tener relaciones sexuales, y de usar sustancias adictivas como drogas, tabaco, alcohol o cafeína durante 24 horas antes de este ritual.

Aquí va una de las mejores formas de encontrar el nombre del mismo:

Ritual

- Bañarse y vestirse de blanco, ya que este color es símbolo de la luz.
- Quemar incienso, especialmente de rosa, lavanda o incienso puro, oír una música suave y etérea.
- Luego de llevar a cabo la purificación mencionada, se toma un libro, recomendado es la Biblia o el libro de Urantía.
- La persona debe pararse frente al este, que es donde sale el sol y simboliza las fuerzas positivas y creativas del universo. Se concentra en la magna presencia "yo soy" por unos minutos pidiendo iluminación antes de abrir el libro.
- Luego abrirlo al azar y con los ojos cerrados...
- Colocar el dedo índice sobre una página, deslizarlo hasta detenerlo, y abrir los ojos, ver qué letra a quedado directamente debajo del dedo, y anotarla en un papel.
- Esto se hace tres, cuatro, cinco o más veces, dependiendo de la intuición de la persona.

- Solamente debe anotar las consonantes que salgan y no las vocales.

Una vez elegido el conjunto de consonantes (el mismo ángel guardián lo guía a elegirlas), se procederá a obtener las vocales: éstas se encuentran en el Salmo 119 de la Biblia.

- Una vez abierta la Biblia en estos versículos, se realiza la misma operación con el dedo índice buscando marcar las vocales a, e, i, o, u, (si aparecen consonantes, irlas descartando hasta las vocales) en el orden que aparezcan las vocales las va anotando, luego de tener las mismas se le agrega la terminación "el" u "on".

- El orden y arreglo de las vocales con las consonantes, se realiza como la intuición le indique, que no es otra que el propio ángel guardián hablándonos. Ese es entonces, el nombre del ángel guardián.

Esto es algo que la persona misma decide, guiada por su intuición y su propio ángel guardián que le revela de esta manera su nombre. Una vez que se sabe el nombre, se da gracias a Dios y a sus ángeles y se termina el ritual.

A partir de este momento la persona sabe como llamar a su ángel guardián en cualquier momento que lo necesite. Con amor y agradeciendo a mi ángel guardián.

Nota: Muchas veces cuando elegimos un nombre para alguien querido, ponemos mucha atención en su sonido al pronunciarlo, y tiene un sonido muy especial... eso es la música invisible del ángel guardián. Y lo llamamos como nuestro corazón y la voz nos dice.

¡No dudes sobre el nombre que has elegido porque fue él quien te lo dijo!

PARA INVOCAR A LOS CUATRO ARCÁNGELES

RITUAL DE LA CRUZ DE PROTECCIÓN

LOS CUATRO ARCÁNGELES

Este ritual como todo ritual mágico se lleva a cabo para tratar de establecer contacto con nuestro yo interior, es decir, nuestro inconsciente, conocido en la tradición esotérica como el ángel guardián.

Los cuatro arcángeles son arquetipos del inconsciente colectivo de la raza humana y como tal tienen un inmenso poder basado en las energías síquicas combinadas de la humanidad.

Es posible establecer contacto con esta inmensa energía durante éste y otros rituales parecidos y energetizarnos nosotros mismos sustrayendo de esta fuente universal, las energías necesarias para usarlas en nuestras vidas cotidianas.

El ritual de la cruz de protección, se usa para proteger y energetizar a la persona.

Este ritual invoca el poder de los cuatro grandes arcángeles, Rafael, Miguel, Gabriel y Uriel y esta basado en la cábala sagrada.

La ceremonia es sencilla:

1. La persona se para frente al este y traza sobre sí misma la cruz cabalística de la siguiente manera:

• Con la mano derecha se toca la frente y dice: ateh.

• Luego lleva la mano al plexo solar y dice: malkut.

• Se toca el hombro derecho y dice: ve geburah.

• Se toca el hombro izquierdo y dice: ve gedulah.

• Luego une las manos frente al pecho y dice: amén.

2. Seguidamente une los dedos índice y mayor, cerrando el pulgar sobre la palma de la mano. En dirección hacia el este, apunta con el brazo extendido hacia un punto más arriba de su cabeza y traza en el aire la cruz diciendo:

"En el nombre sagrado de Dios y del gran Arcángel Gabriel yo sello este círculo con la cruz sagrada".

Gira como las agujas del reloj, de izquierda a derecha y se pone frente al sur diciendo:

"En el nombre sagrado de Dios y del gran Arcángel Miguel yo sello este círculo con la cruz sagrada".

Gira igual hacia el oeste, diciendo:

"En el nombre sagrado de Dios y del gran Arcángel Rafael yo sello este círculo con la cruz sagrada".

Finalmente, frente al norte dibuja la cruz otra vez diciendo:

"En el nombre sagrado de Dios y del gran Arcángel Uriel yo sello este círculo con la cruz sagrada".

3. La persona continúa moviéndose a la derecha hasta regresar al punto este. Cuando llega ahí, abre los brazos y dice:

"Frente a mí, Gabriel;

detrás de mí, Rafael;

a mi derecha, Miguel;

a mi izquierda, Uriel;

frente a mí llamea la cruz de protección.

4. Una vez que ha trazado las cuatro cruces, la persona las visualiza llameando en cada punto cardinal, unidas por un círculo también de fuego.

En estos momentos, la persona puede hacer cualquier petición que desee a uno o más de los ángeles o llevar a cabo cualquier ceremonia donde los ángeles le sirvan de protección.

5. Antes de dar por terminado el ritual, la persona, de frente ahora al este, dice:

"En nombre de la fuerza creadora del universo

y de sus grandes ángeles Rafael,

Miguel, Gabriel y Uriel, este ritual ha concluido.

Doy gracias a estos poderosos espíritus de luz

por su presencia conmigo en este día amén, amén, amén."

Devoción al santo Ángel de la guarda

(San Juan Berchmans)

Ángel Santo, amado de Dios, que después de haberme tomado, por disposición divina, bajo tu bienaventurada guarda, jamás cesas de defenderme, de iluminarme y de dirigirme: yo te venero como mi protector, te amo como custodio; me someto a tu dirección y me entrego todo a ti, para ser gobernado por ti. Te ruego, por lo tanto, y por amor a Jesucristo te suplico, que cuando sea ingrato para ti y obstinadamente sordo a tus inspiraciones, no quieras, a pesar de esto, abandonarme; antes al contrario, ponme pronto en el recto camino, si me he desviado de él; enséñame, si soy ignorante; levántame, si he caído; sosténme, si estoy en peligro y condúceme al cielo para poseer en él una felicidad eterna. Amén.

Oración al Ángel de la guarda

Ángel de la paz, Ángel de la Guarda, a quien soy encomendado, mi defensor, mi vigilante centinela; gracias te doy, por librarme de muchos daños del cuerpo y del alma. Gracias te doy, porque estando durmiendo, me velaste, y despierto, me encaminaste; al oído, con santas inspiraciones me avisaste.

Perdóname, amigo mío, mensajero del cielo, consejero, protector y fiel guarda mía; muro fuerte de mi alma, defensor y compañero celestial. En mis desobediencias, vilezas y descortesías, ayúdame y guárdame siempre de noche y de día. Amén.

Pedir la protección del cielo

Oh gloriosísimo San Miguel Arcángel, príncipe y caudillo de los ejércitos celestiales, custodio y defensor de las almas, guarda de la Iglesia, vencedor, terror y espanto de los rebeldes espíritus infernales. Humildemente te rogamos, te dignes librar de todo mal a los que a ti recurrimos con confianza; que tu favor nos ampare, tu fortaleza nos defienda y que, mediante tu incomparable protección adelantemos cada vez más en el servicio del Señor; que tu virtud nos esfuerce todos los días de nuestra vida, especialmente en el trance de la muerte, para que, defendidos por tu poder del infernal dragón y de todas sus asechanzas, cuando salgamos de este mundo seamos presentados por ti, libres de toda culpa, ante la Divina Majestad. Amén.

Oración a San Gabriel Arcángel

Dios Señor nuestro, imploramos tu clemencia para que habiendo conocido tu encarnación por el anuncio del Arcángel San Gabriel, con el auxilio suyo consigamos también sus beneficios. Por Jesucristo nuestro Señor. Amén.

Oración a San Rafael Arcángel

Arcángel San Rafael, que dijiste: "Bendigan a Dios todos los días y proclamen sus beneficios. Practiquen el bien y no tropezarán en el mal. Buena es la oración con ayuno, y hacer limosna es mejor que atesorar oro", te suplico me acompañes en todos mis caminos y me alcances gracias para seguir tus consejos.

Letanía de los santos Ángeles

Señor, ten piedad de nosotros.

Cristo, ten piedad de nosotros.

Señor, ten piedad de nosotros.

Cristo, óyenos.

Cristo, escúchanos. (Se repite)

Dios Padre, Creador de los Ángeles,

Dios Hijo, Señor de los Ángeles,

Dios Espíritu Santo, Vida de los Ángeles,

Santísima Trinidad, delicia de todos los Ángeles.

Ten piedad de nosotros.

Santa María,

Reina de todos los Ángeles.

Ruega por nosotros.

Santos Querubines, Ángeles de la Palabra,

Santos Tronos, Ángeles de la Vida,

Santos Ángeles de la Adoración,

Santas Dominaciones,

Santas Potestades,

Santos Principados del Cielo,

Santas Virtudes.

Rogad por nosotros.

San Miguel Arcángel,

vencedor de Lucifer,

ángel de la fe y de la humildad,

preservador de la santa unción,

patrono de los moribundos,

príncipe de los ejércitos celestes,

compañero de las almas de los difuntos.

San Gabriel Arcángel,

Santo Ángel de la Encarnación,

fiel mensajero de Dios,

ángel de la esperanza y de la paz.

Ruega por nosotros.

Grandes Arcángeles Santos,

ángeles del servicio ante el trono de Dios,

ángeles del servicio para los hombres,

Santos Angeles Custodios,
auxiliadores en nuestras necesidades,
luz en nuestra oscuridad,
apoyo en todo peligro,
exhortadores de nuestra conciencia,
intercesores ante el trono de Dios,
escudo de defensa contra el enemigo maligno,
constantes compañeros nuestros,
segurísimos conductores nuestros,
fidelísimos amigos nuestros,
sabios consejeros nuestros,
ejemplos de nuestra obediencia,
consoladores en el abandono,
espejo de humildad y de pureza,
Ángeles de nuestras familias,
ángeles de nuestros sacerdotes y pastores,
ángeles de nuestros niños,
ángeles de nuestra tierra y patria,
ángeles de la Santa Iglesia,
todos los Santos Ángeles.
Ruegen por nosotros.

Asístannos en la vida.

Asístannos en la muerte.

En el Cielo se lo agradeceremos. (Se repite.)

Cordero de Dios que quitas los pecados del mundo.

Perdónanos, Señor.

Cordero de Dios que quitas los pecados del mundo.

Escúchanos, Señor.

Cordero de Dios que quitas los pecados del mundo.

Ten piedad de nosotros.

Dios mandó a sus ángeles para que cuiden de ti,

ellos te guardarán en todos sus caminos.

CORONA ANGÉLICA DEL ARCÁNGEL

De acuerdo con una piadosa tradición el Arcángel San Miguel declaró a una persona devota que le sería grato se pusieran en uso las siguientes oraciones en honor suyo. La propagación y difusión de esta devoción se debe a una religiosa carmelita del monasterio de Vetralla, diócesis de Viterbo, Italia, muerta con fama de santidad en 1751. El 8 de agosto de 1851 Pío IX concedió indulgencias a la práctica de este piadoso ejercicio.

De ser posible, delante de una imagen del Santo Arcángel, hacer un acto de verdadera contrición y rezar a continuación devotamente las siguientes salutaciones:

V. Oh Dios, ven en mi ayuda.

R. Apresúrate, Señor a socorrerme. Gloria al Padre...

SALUTACIÓN I. Un Padrenuestro y tres avemarías al primer coro angélico.

Por intercesión del glorioso Arcángel San Miguel y del celeste coro de Serafines, suplicamos al Señor nos haga dignos de una llama de perfecta caridad. Amén.

SALUTACIÓN II. Un Padrenuestro y tres avemarías al segundo coro angélico.

Por intercesión del glorioso Arcángel San Miguel y del coro celeste de Querubines, quiera el Señor concedernos la gracia de abandonar el camino del pecado, y de correr por el de la perfección cristiana. Amén.

SALUTACIÓN III. Un Padrenuestro y tres avemarías al tercer coro angélico.

Por intercesión del glorioso Arcángel San Miguel y del sagrado coro de los Tronos, infunda el Señor en nuestros corazones un espíritu de verdadera y sincera humildad. Amén.

SALUTACIÓN IV. Un Padrenuestro y tres avemarías al cuarto coro angélico.

Por intercesión del glorioso Arcángel San Miguel y del coro celeste de las Dominaciones, quiera el Señor concedernos la gracia de poder dominar nuestros sentidos y corregir las pasiones depravadas. Amén.

SALUTACIÓN V. Un Padrenuestro y tres avemarías al quinto coro angélico.

Por intercesión del glorioso Arcángel San Miguel y del celeste coro de las Potestades, dígnese el Señor librar nuestras almas de las asechanzas y tentaciones del demonio. Amén.

SALUTACIÓN VI. Un Padrenuestro y tres avemarías al sexto coro angélico.

Por intercesión del glorioso Arcángel San Miguel y del coro de las admirables Virtudes celestiales, no permita el Señor que caigamos en las tentaciones, sino que nos libre de todo mal. Amén.

SALUTACIÓN VII. Un Padrenuestro y tres avemarías al séptimo coro angélico.

Por intercesión del glorioso Arcángel San Miguel y del coro celeste de los Principados, dígnese Dios llenar nuestras almas del espíritu de verdadera y sincera obediencia. Amén.

Cristo, óyenos.

Cristo, escúchanos.

Señor, ten piedad de nosotros.

Cristo, ten piedad de nosotros.

Señor, ten piedad de nosotros. (Se repite.)

San Miguel,

Tú, cuyo nombre es un relámpago,

Tú, cuyo nombre es un himno a Dios,

Serafín del incensario de oro,

elevada llama de amor divino,
perfecto adorador de Dios,
modelo de sumisión amorosa,
modelo de pronta obediencia,
leal servidor de Dios,
primer heraldo de la verdad,
primer defensor de la fe,
primer testigo de Dios,
instigador de la lucha contra Satanás,
ángel apóstol de los ángeles,
celador del Reino de Dios,
primer defensor de la justicia,
primer vengador del buen derecho,
abogado nuestro,
portador de las llaves del abismo.

Tú que encadenas a Satanás,
justiciero de Dios,
portaestandarte de la Trinidad,
guerrero de armas de luz,
espada de Dios,
terror de los traidores y de los perjuros,
terror de los orgullosos demonios,
centella de Dios.

Tú que llevas las siete estrellas,
vencedor de la primera guerra,
virrey de los ejércitos de Dios,
inspirador de valentía,
tú que guerreas por el mundo,
defensor de los hijos de Dios,
ángel que vale por mil ejércitos,
esperanza de los combatientes,
intrépido soldado de Dios,
refuerzo dado a las justas causas,
liberador de los oprimidos,
caballero de Dios,
ángel de los pastores de Navidad,
ángel de Cristo en agonía,
ángel de la aurora pascual,
consejero de Constantino,
guerrero del castillo del Santo Ángel.

Protector de la unidad católica de España y de las Naciones Hispanoamericanas,
cantor de los gozos marianos,
espejo del Altísimo,
ángel vicario del Verbo,
protector de la Iglesia militante,

consolador de la Iglesia purgante,

honor de la Iglesia triunfante.

Tú, que recibes la confesión de nuestros pecados,

Tú, a quien la Iglesia implora en nuestra última hora,

Tú, cuya potente voz despertará a los muertos,

introductor de las almas al cielo,

asiste de Cristo en el Gran Día,

heraldo de las sentencias eternas,

precantor de las alabanzas divinas,

el más elevado de los serafines,

príncipe de los nueve coros de Ángeles.

Ruega por nosotros.

Oremos:

San Miguel Arcángel, defiéndenos en la lucha. Sé nuestro amparo contra la perversidad y asechanzas del demonio. Que Dios manifieste sobre él su poder, es nuestra humilde súplica. Y tú, oh príncipe de la milicia celestial, con el poder que Dios te ha conferido, arroja al infierno a Satanás, y a los demás espíritus malignos que vagan por el mundo para la perdición de las almas. Amén.

Invocación a Pahaliah

A este trono le encanta resolver misterios y enigmas, por eso, las personas que tiene dificultades para descubrir su vocación, pueden solicitar su ayuda. Pahaliah responderá entusiasmado a esa llamada. Una vez que se manifieste, dejará pequeñas señales acerca de cual es el camino que le conviene elegir a quien lo ha invocado. Esos "avisos" pueden darse a través de la propuestas de otra persona, por medio de un sueño, de una obra artística (una pintura, un libro, una película, etcétera). El invocante sabrá interpretar las señales de Pahaliah sin dudar y hará bien en obedecer sus sugerencias.

Ritual para llamarlo

Tanto si se trata de una necesidad personal o si se desea ayudar a un ser querido, la invocación a Pahaliah debe realizarse en el hogar del invocante. Preferentemente hay que elegir una habitación donde se lea con frecuencia o se realicen actividades intelectuales. No conviene practicar el ritual en el lugar que se mira televisión.

En una mesa pequeña, en el centro, coloca un libro abierto por la mitad. A la derecha del libro enciende una vela "siete días" de color azul. A la izquierda coloca un fragmento de roca (si puedes recogerla personalmente de un sitio natural, hazlo). Deja la mesa puesta de esta manera durante una semana. A lo largo de esos siete días debes acercarte a la mesa ritual y permanecer allí durante media hora. Pon música clásica, siéntate frente al pequeño altar que ha consagrado a Pahaliah y cierra los ojos. Piensa en tus inclinaciones (o las de la persona a la que quieres beneficiar con el rito de invocación) y pide al ángel, con tus propias palabras, que comparezca y que lo ayude.

Cuando la vela "siete días" se consuma, el ritual habrá terminado. Retira los objetos y guárdalos en un lugar seguro. Tira los restos de la vela a la basura. A partir de ese momento, sólo te quedará esperar que Pahaliah se manifieste por medio de señales. No dudes que este ángel te mostrará el camino.

IEIAIEL, EL IMPULSOR DEL CAMBIO

Con frecuencia, muchos jóvenes abandonan una carrera u oficio elegido porque se dan cuenta que no los hace felices. Por lo general, esa decisión se vive como un momento traumático, tanto por parte de los padres como del propio interesado. Para superar ese trance y valorar lo que tiene de positivo, nada mejor que acudir a Ieiaiel, un Trono que se destaca por su originalidad y capacidad de cambio. Como Pahaliah, este ángel también ayuda a descubrir caminos o vocaciones, pero tiene otra particularidad. Este ser celeste es amante de los movimientos bruscos del destino, porque es allí donde aprendemos. Ayuda a superar los estados de angustia y dirige a quien lo llama por el camino correcto, sacando algo en limpio de errores pasados. Quien necesite su ayuda, debe rezar cada noche esta plegaria:

"Tu, Ieiaiel, que sabes guiar a quien se ha perdido y resuelves todos los enigmas, ayúdame a encontrar la senda y a marchar por ella. Que así sea."

Índice

Edición Especial Ciencias Ocultas

Amuletos y talismanes
Miranda Berami

Breve diccionario de símbolos
Carolina Maomed

Conoce lo que dicen tus sueños
Martha Moreno

El libro de la Santa Muerte
Oriana Velázquez

Espíritus de la naturaleza
C. W. Leadbeater

Fantasmas y casas embrujadas
Eliana Pérez

Feng Shui
Oriana del Ángel

Hechizos de amor
Miranda Berami

Interpretación de los sueños
Francisco Solaris

La magia de las velas
Constantine

Lugares y tesoros misteriosos
Jesús Gabriel González

Metafísica para ser feliz
Víctor Hernández

Protección con el poder
de los ángeles
Carlos Olivares

Recetas que sí funcionan
de magia blanca y magia negra
Sebastian Rufat

Rituales para el amor
Catalina López

Saint Germain
y los arcángeles de los milagros
Oriana del Ángel

Trabajos Manuales Escolares, S.A. De C.V.
Oriente 142 No. 216
Col. Moctezuma 2 Secc.
15500 Mexico D.F. Apdo. Postal 9-054